RELATION

DES

BLOCUS ET SIÉGES

D'AUXONNE

EN 1814 ET 1815

par les Autrichiens.

RELATION

DES

BLOCUS ET SIÉGES

D'AUXONNE

EN 1814 ET 1815

par les Autrichiens.

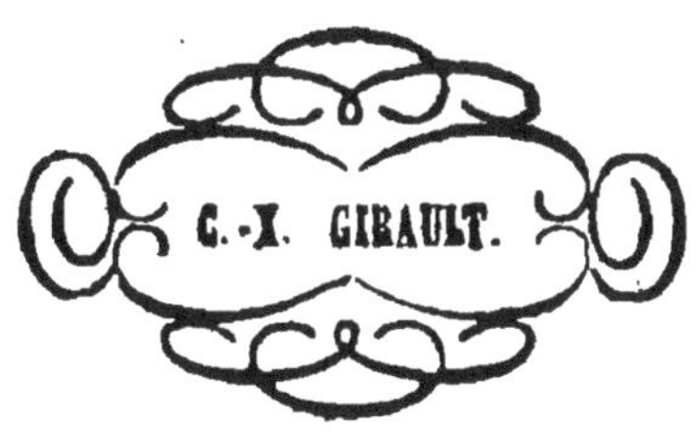

Auxonne,

X.-T. SAUNIÉ, IMPRIMEUR-LIBRAIRE-ÉDITEUR.

1859.

UN MOT DE L'ÉDITEUR.

Chaque ville de France a ses historiens, chaque ville a son histoire. Sous ce rapport notre cité auxonnaise, si pleine de glorieux et importants souvenirs, n'est pas en arrière et dans les temps modernes, nous comptons les *Girault*, les *Amanton*, et enfin notre ami *Giroux* sur la tombe duquel nos larmes coulent encore. Nous devons nous taire, pour ne pas blesser sa modestie, sur un de nos dignes concitoyens, qui s'occupe encore de nos jours avec tant de persévérance, d'intelligence, de tout ce qui se rattache à l'histoire de notre ville; notre but n'étant pas non plus de parler des anciens historiens qui ont traité du comté d'Auxonne alors si célèbre.

M. Girault, à qui nous devons les quelques pages que nous sommes heureux d'offrir à nos lecteurs, a sa place marquée dans toutes les biographies des hommes célèbres de France. C'était un homme justement apprécié par son mérite, sa probité et ses vertus civiques. Reçu avocat au parlement de Dijon, pourvu peu d'années après d'un office de conseiller auditeur à la chambre des comptes, membre des Académies de Besançon et de

Dijon, il fit partie ensuite de la société royale des antiquaires de France, des sociétés académiques de Lyon, Bordeaux, Rennes, Nancy, Bourg, Macon, Vesoul; puis nommé maire d'Auxonne sous le consulat, il exerça pendant trois années seulement ces honorables fonctions avec autant de zèle, de dévouement que de distinction. Toujours animé de ce sentiment patriotique qui sans cesse l'inspirait, il s'occupa alors de la fondation, de l'organisation de notre bibliothèque qu'il élevait avec les débris épars des bibliothèques des anciens couvents et monastères, trésors de science échappés au vandalisme révolutionnaire. Mais cet emploi peu lucratif de bibliothécaire ne pouvait le retenir à Auxonne, père de famille qu'il était et ne jouissant que d'une fortune médiocre ; lorsque son important travail fut terminé, il vint de nouveau se fixer à Dijon, se fit inscrire sur le tableau des avocats, et se livra au travail de cabinet. Enfin, sa grande moralité, son exacte probité, son intégrité, le firent appeler en 1821 aux fonctions de juge de paix du 3e arrondissement de cette ville, dans l'exercice desquelles il a atteint le terme de sa laborieuse carrière. Il serait trop long pour nous d'énumérer les longs travaux scientifiques et littéraires de ce savant si consciencieux et si profond. Nous n'émettons qu'un vœu, c'est qu'un jour notre administration municipale conçoive l'heureuse idée de faire imprimer la collection de tous les écrits de notre célèbre compatriote (1).

Nous sommes heureux aujourd'hui de livrer à la publicité les pages suivantes, qui retracent brièvement un

(1) Cinquante-cinq ouvrages, d'après M. Peignot, sont sortis de la plume de notre savant et consciencieux concitoyen.

des nombreux et modernes épisodes de l'histoire de notre ville : les Blocus et siéges d'Auxonne de 1814 et 1815.

Dans la situation que les circonstances nous ont faite, s'il est pour nous une compensation à tous les sacrifices, à toutes les peines, à toutes les déceptions que nous avons éprouvés, en cherchant à implanter le véritable phare de lumière dans notre chère ville, c'est, sans contredit, celle de pouvoir léguer à la postérité les œuvres de nos bons et érudits concitoyens qui ont aimé avec passion notre ville natale, et élevé un monument historique à sa gloire auquel nous sommes fier de nous associer. Et dans notre longue et aride carrière, il nous reste au moins la satisfaction de dire que nous avons cherché à tracer un *sillon durable*.

Blocus et Siéges d'Auxonne en 1814 et 1815,

PAR LES AUTRICHIENS.

Première partie. — Siége de 1814.

Auxonne, place de guerre, édifiée sur les limites-frontières des anciens duché et comté de Bourgogne, au centre d'un vaste bassin traversé par la Saône qui en baigne les mûrs, doit à ce double avantage de sa position topographique : qu'aucune élévation ne domine la ville et qu'on peut rapidement l'entourer d'eau, d'avoir été choisi et fortifié par Vauban, comme boulevard de la France contre les Espagnols alors maîtres de la Franche Comté.

En 1674 après la seconde conquête de cette province, le travail de ses fortifications, dont le plan général n'avait pu recevoir encore une complète exécution fut suspendu, la révolution et l'empire les laissèrent inachevées, et sous la restauration seulement, on s'occupa de réparer les dégradations qu'elles avaient subies depuis plus d'un siècle.

C'est à Auxonne, patrie de plusieurs hommes d'un mérite très distingué, qu'au sortir de l'école de Brienne, Bonaparte avait commencé sa carrière militaire ; on l'y avait vu monter ses premières gardes de lieutenant d'artillerie. On y avait fraternisé avec lui dans les fêtes républicaines, on l'y avait félicité à son retour de la ville de Seurre, où après avoir fait charger devant le peuple mutiné les armes de son détachement, il avait fait immédiatement évacuer la place publique par ce mot heureux : « que les honnêtes gens se retirent... je n'ai ordre de tirer que sur la canaille.

Plus tard les Auxonnais s'énorgueillissaient d'avoir vu s'élever du milieu d'eux, le plus grand capitaine du temps moderne, sympathies et enthousiasme bien désintéressés certes, car durant son règne, Bonaparte que des vues plus élevées incessament préoccupaient sans doute, semblait avoir oublié leur ville et ses habitants.

Ce dévouement de cœur au chef du nouvel empire était vif encore quand après la déroute de Leipsik les puissances alliées ayant envahi la France, une colonne autrichienne s'avança au mois de janvier 1814 sous les murs d'Auxonne afin de l'investir (1).

---

(1) Le jeudi 6 janvier 1814, sur les 8 heures du matin, la *générale* se faisait entendre dans les rues d'Auxonne. Quel trouble, quelle émotion, cette batterie d'allarme répandait dans la ville! Il faut avoir été témoin de tout ce qui se passait dans ce moment pour en comprendre toute l'impression. Les Autrichiens venant de Dole, s'approchaient de la ville, et leurs avant-postes avaient été portés jusqu'au café Lablache, sur la route et près le village de Villers-Rotin. La population tout entière était dans le plus grand émoi, dans la plus grande anxiété. On s'attendait de moment en moment à une attaque de l'ennemi, et comment pouvoir la repousser? En effet, s'il se fut présenté résolument et immédiatement, il n'aurait éprouvé aucune résistance, tant était grande la consternation, tant était générale la surprise; personne du reste ne croyait à une si prompte visite.

Pendant toute la journée les habitants des granges ne cessèrent de rentrer en ville, bétail, récoltes, mobilier, etc. C'était chose des plus affligeantes que le spectacle de ces hommes, de ces femmes, de ces enfants, quittant avec crainte et précipitation la chaumière paternelle, venant chercher un refuge dans nos murs... Tous ces objets furent déposés dans le jardin de la mairie, qui ne présenta bientôt plus qu'un amas confus de paille, de foin, de gerbes de blé, de bois, de meubles même, vaste foyer d'incendie, si malheureusement pendant tout le temps du blocus, un seul obus était tombé dans ce singulier bazar!

Tandis que les gens des granges nous arrivaient en

La garnison de la place se composait alors : des dépôts des 16e et 23e régiments d'infanterie légère, de celui du 144e régiment d'infanterie de ligne, de 20 dragons (2) évacués de Dôle et de Besançon, et de 1800 conscrits. Mais il n'y avait pas un seul canonnier pour monter et servir les pièces sur les remparts !

---

masse, la crainte, la peur talonnaient quelques personnes de la ville qui redoutant les dangers et les conséquences d'un siége, voulaient fuir. mais peu suivirent ce premier mouvement.

D'un autre côté les chefs militaires déployaient la plus grande activité... Les remparts étaient couverts de travailleurs qui relevaient les parapets, qui établissaient des embrasures ; nos rues étaient sillonnées par les pièces d'artillerie, sortant de notre arsenal et dirigées sur les différents bastions. On pressait sur tous les points l'armement de la place, et à 11 heures du soir encore le commandant d'atillerie Sautonnard faisait mettre en batterie, à l'angle oriental du bastion de kell, une pièce de **24**, la seule de ce calibre que possédait l'arsenal.

Les *ponts-levis* n'étant pas organisés, on barricada pour cette première nuit la porte de Conté, avec des bois, des charriots etc.; cette terrible nuit du 6 au 7 se passa cependant sans aucune attaque, et la frayeur diminuant peu à peu, on parvint à organiser la défense de la place avec plus de sécurité. (*Note de l'éditeur.*)

(2) Il y avait 40 à 60 Dragons, qui formaient avec la gendarmerie, et quelques officiers de différents corps, la cavalerie de la place. (*Note de l'éditeur.*)

C'en était fait de la ville, si plusieurs de ses citoyens qui avaient servi dans l'artillerie ne s'étaient réunis sous les ordres de l'ex-capitaine Clerget. Ces volontaires, dont le cadre se compléta de quelques soldats d'élite, remplacèrent par leur intelligence du service et leur infatigable activité les artilleurs qui manquaient à la défense de la place.

M. le major Rublin était commandant supérieur;

M. le général Andréossy commandait le génie;

M. le colonel Bontems était directeur d'artillerie;

M. Henemberger était commandant d'armes.

M. Pierre Dugé était maire de la ville; M. Caire adjoint.

A l'approche de l'ennemi, des réquisitions de tous genres avaient été faites pour l'approvisionnement d'Auxonne, durant le siége dont il était menacé, et les poudres de Vonges avaient été transportées dans une des tours du château.

On se hâta de réparer les terrassements du sommet des remparts et de les garnir de piéces tirées du dépôt d'artillerie. Un blokaus fut construit avec des troncs d'arbres à la tête de la levée. L'eau fut amenée dans les fossés, des ponts-levis furent établis aux portes, et la levée dont une grande partie des arbres avaient été abattus pour découvrir le pays fut coupée au tiers de sa longueur, du côté de la ville, afin d'arrêter l'ennemi.

Dès le 19 janvier, Auxonne était complétement bloqué.

Il était investi du côté de Dôle par la division du général Rotkirch, dont le quartier général était à Sampans, les avant-corps à Villers-Rotin et les grands-gardes aux Granges-Hautes ; du côté de Dijon, par la division du baron de Walls, dont le quartier général était à Villers-les-Pots, les gardes avancées au sommet de la levée, et les sentinelles perdues à moité de cette chaussée.

Vers le 20 février,(3) l'ennemi paraissant vouloir se rapprocher et tenter une attaque, le conseil de défense de la place fit démolir les bâtiments des deux lôchères à droite et à gauche de la tête du pont, il fit raser aussi toutes les maisons des granges dans un rayon de mille toises, du pied des fortifications, afin d'éclairer le pays et d'éviter

(3) Il doit y avoir erreur de date (*Note de l'éditeur.*)

que ces constructions pussent servir à masquer ou loger les assiégeants (5).

A dater de cette époque, les ponts-levis furent levés et cadenattés, personne ne put pénétrer dans la ville ou en sortir ; des moulins à bras furent montés dans l'arsenal et le magasin aux vivres. Le bétail dont la ville avait été approvisionné fut consigné dans les écuries sous la garde de l'autorité militaire ; on pris d'ailleurs toutes les mesures d'ordre et de prudence que commandait l'état du siége.

Pendant les trois mois (6) que dura le blocus, la garnison fit avec honneur et succès plusieurs

---

(5) Cette mesure fut prise dans le courant de janvier. Tous les soirs, pendant plusieurs jours les soldats des avant-postes français, en rentrant dans la place, parcouraient la torche à la main, les granges et incendiaent les maisons qui n'avaient point été démolies, suivant les prescriptions du général du génie. C'était un spectacle de désolation, qui jetait la douleur et l'effroi dans toute la ville, mais un coup de canon, annonçait la clôture des portes et les flammes disparaissaient, à défaut d'aliments, pendant la nuit. (*Note de l'éditeur*)

(6) Le blocus et l'état de siége, furent levés réellement et seulement le 18 mai 1814, par le général de

sorties (6) qui maintinrent l'ennemi à respectueuse distance. Mais à le contenir dans ses lignes, concourut puissamment aussi l'unique pièce de 24 que possédait la place, et qui rapidement entraînée de rempart en rempart, faisait croire aux assiégeants par son feu, qu'à tous ses aspects la place était défendue par du canon de gros calibre.

Vainement du côté de la Saône, les autrichiens essayèrent d'ouvrir des tranchées pour arriver au corps de la place, partout ils rencontrèrent l'eau à deux pieds de profondeur du sol, ce qui fit mieux ressortir le génie de Vauban, et mit en

---

Nansouty qui arriva ce jour à Auxonne, où il annonça le rétablissement des Bourbons. Ainsi *pendant plus de 4 mois*, la ville n'eut aucune communication avec d'autres localités. (*Note de l'Editeur*)

(6) Les sorties étaient fréquentes, comme le dit l'auteur; et les assiégés en revenaient toujours victorieux, ramenant souvent des dépouilles opimes : bœufs, vaches, moutons, etc., etc.; mais une des plus importantes fut celle qui eut lieu du côté du village de Labergement, qui fut excessivement heureuse pour notre garnison. Nos dragons et une ou deux compagnies de carabiniers du 23e léger rencontrèrent l'ennemi du côté des Trois-Maisons (granges d'Auxonne), là un escadron de hussards autrichiens fut culbuté par les dragons français et jeté

plus grande évidence le motif qui après une étude réfléchie de la position des autres villes du littoral de la Saône, lui avait fait préférer Auxonne, comme point fortifié de la Bourgogne contre la Franche-Comté.

---

dans une mare, puis nos troupes en poursuivant l'ennemi, continuèrent leur course, traversant Labergement. et revinrent par Villers-Rotin, ramenant quelques prisonniers et plusieurs têtes de bétail. Mais la sortie du mois de février, la plus importante de toutes, fut loin d'être heureuse pour les nôtres. Confiée au commandant d'Almeras, la garnison entière, infanterie, cavalerie, artillerie, quitta la place à 11 heures du matin, dans l'intention d'aller enclouer les pièces d'un parc d'artillerie qui stationnait à Villers-les-Pots, et alla se masser en 3 colonnes : le 144e de ligne occupait la plaine de Tillenay, à peu près dans l'emplacement où est la gare du chemin de fer. Le 16e léger était rangé dans la plaine de Villers-les-Pots ; ces deux corps rangés en bataille, et le 23e léger, en colonne serrée sur la chaussée de Dijon. Chacune de ces trois colonnes avait 2 pièces d'artillerie de campagne. Ce plan d'attaque, ces dispositions étaient infailliblement une faute du jeune commandant, plus brave, qu'habile tacticien; en effet, après quelques instants, les autrichiens profitant de l'avantage qui leur était offert, cannonnèrent avec tant d'énergie ces masses compactes, que bientôt la retraite fut ordonnée et s'opéra heureusement sans grand désordre, soutenue, protégée par l'artillerie de la place et surtout par notre vieille pièce de 24. (*Note de l'éditeur.*)

Ne pouvant réussir à battre en brèche la ville du côté de l'ouest, l'ennemi essaya de porter son attaque sur un point opposé.

Dans la nuit du 22 au 23 (8) février, les assiégeants profitèrent de l'obscurité pour amener à petite distance de tir quelques obusiers, qu'ils mirent en batterie en face de la courtine paralelle au principal corps des casernes.

Ils envoyèrent plusieurs volées, mais sans résultats, parceque les projectiles dépassant leur but, tombèrent sur la place du quartier, sur le sol de l'ancien couvent des capucins, et dans la grande mare adjacente, sur l'emplacement de la quelle on a construit depuis un magasin à poudre.

Au point du jour, la batterie du bastion du gouverneur, pouvant découvrir la position de l'ennemi, ouvrit son feu sur les autrichiens qui se replièrent avec leurs pièces sur la ligne d'enceinte.
Cette tentative d'attaque nocturne qui n'avait aucun caractère sérieux fut la dernière. Le blocus se continuait, mais sans hostilité, parce que la paix se négociait entre les princes alliés et la

---

(8) Il doit y avoir encore une erreur sur cette date.
(Note de l'éditeur.)

famille des Bourbons, et le 23 avril il fut conclu un armistice par l'effet du quel les communication au dehors ayant été rétablies, les relations de la place purent être reprises avec le gouvernement de la restauration.

Ainsi finit ce siége qui n'offrit aucun incident bien remarquable. L'histoire ajoutera toutefois : que par l'élan général de ses citoyens pour la défense de la place et les bons services de ses canonniers volontaires, Auxonne a conservé en 1814 à la France, une ville forte importante, un dépôt d'artillerie considérable, et le précieux matériel d'un de ses principaux arsenaux militaires.

DEUXIÈME PARTIE.

Siége de 1815.

Lorsqu'au mois de mars 1815, Bonaparte échappant à la surveillance des vaisseaux qui croisaient devant l'île d'Elbe, aborda en France, et ressaisit la couronne, les souverains alliés firent une seconde invasion, dans le but de l'expulser et de maintenir dans l'intérêt de la paix européenne, le traité de Paris qui avait rendu à Louis XVIII le trône de ses ayeux.

La lutte qui se préparait devait être une guerre à outrance entre les monarchies héréditaires du Nord et l'empire électif, entre le droit du peuple et le droit divin.

Auxonne avait fait ses preuves de courage et de dévouement à la cause nationale en 1814, c'était d'ailleurs la seule place forte de l'Est, capable de soutenir une longue résistance; tout fut donc préparé pour une redoutable défense.

Les officiers du génie s'empressèrent de compléter par des ouvrages en bois et terrassements à défaut de pierres, le système général de fortification tracé par Vauban, et dont le plan original annoté de sa main existait encore en 1800, dans les archives du génie militaire.

Ce plan avait passé des mains des capitaines Levasseur et Oudet à celles du baron Kirgener. La gravure l'avait reproduite, il ornait le frontispice d'une thèse soutenue en 1713, par Hugues de l'Epée qui l'avait dédiée au maire et échevins d'Auxonne, sa ville natale.

Pour fortifier les abords de la place par des travaux avancés à l'est de la ville, on établit dans toute son étendue, du nord au midi, une double enceinte formée de pieux, de terre et de fascines, s'appuyant à la Saône par ses deux extrémités, la contre-garde de la porte du Jura qui n'avait jamais été achevée, fut élevée sur ses anciennes fondations, et on construisit en avant du pont, à l'entrée de la levée, le blokaus tracé au plan de Vauban.

Par décret impérial du 11 juin 1815, la ville fut déclarée en état de siége.

Au début de la seconde invasion, la garnison se composait : du 7e régiment d'artillerie à pied et d'une compagnie d'ouvriers de l'arsenal, mais la plus grande partie de ce régiment et des ouvriers ayant été appellés à la frontière du nord, il ne resta dans la place que cent hommes environ d'artillerie et un bataillon de conscrits de la dernière levée.

La compagnie de canonniers volontaires, qui, en 1814, avait si puissamment contribué à sauver la ville, manquait aussi à sa défense ; mandée à Dijon elle avait été dirigée sur Versaille, sous le commandement de son ancien chef l'ex-capitaine Clerget.

Le général baron Pellegrin commandait l'artillerie.

Le lieutenant-colonel Bergère commandait le génie.

Le commandant Gautherel était commandant d'armes.

M. Dugé avait repris ses fonctions de maire.

Bientôt, le désastre de Waterlôo, la nouvelle abdication de Bonaparte, le retour de Louis XVIII et l'occupation des deux bourgognes par les troupes alliées, eurent pour conséquence d'affaiblir encore la garnison de la place, qui se trouva réduite à 300 hommes au plus, artilleurs et ouvriers conpris, parce que une ordonnance du roi avait autorisé tous les soldats de la dernière levée à rentrer dans leurs foyers.

Le gouvernement royal s'étant reconstitué à Paris, le commandement militaire d'Auxonne avait été confié à d'autres officiers supérieurs.

Le colonel Braun, directeur d'artillerie, commandait la place.

Le colonel Michel commandait le génie.

Le major Fautin commandait l'artillerie.

Les pouvoirs du commandant d'armes Ganthe-rel, qui n'avait point été continué dans ses fonctions avaient passé au colonel Braun.

Ces chefs nommés par le roi, avaient fait reconnaître son autorité dans la ville dont M. Demoisy était le nouveau maire; le drapeau blanc flottait à l'hôtel de ville et au sommet des tours de Notre-Dame.

En cet état, une agression devait assurément paraître impossible.

L'important matériel de guerre d'Auxonne, les machines, modèles outillage et approvisionnement de son arsenal, pouvaient vivement tenter sans doute les Autrichiens, mais cette ville était au roi; elle était protégée par ses couleurs, et on ne pouvait appréhender qu'elle serait déshéritée de l'appui de son gouvernement, si pour conserver ces richesses au pays, il devenait nécessaire de résister à ce que les assiégéants pénétrassent de vive force dans la place.

Cependant l'ennemi qui depuis le 19 juin avait plus étroitement cerné Auxonne, semblait vouloir rapprocher ses positions.

Le prince de Hesse commandait la rive occidentale de la Saône, il avait son quartier général à

Genlis, ses premières gardes à Soirans, ses avant-postes à Villers-les-Pots et Tillenay, ses sentinelles avancées à moitié de la levée.

Le général baron de Schutterteim commandait le côté de Dòle, son quartier général était à Villers-Rotin, ses avant-postes à Labergement et ses gardes avancées aux Granges-Hautes.

Sommée par ces deux officiers généraux de se rendre, la place demanda des délais pour prendre les ordres du roi, il furent accordés, on expédia sur le champ une estafette à Paris et le colonel Michel eut mission de s'y rendre. Contre toute attente on ne reçut que des réponses évasives, tant la situation apparaissait délicate et difficile au nouveau pouvoir!

Le gouvernement du roi ne pouvait guère résister à l'exécution des mesures, que pour leur sûreté, croyaient devoir prendre les souverains qui venaient de le rétablir; pourtant il importait de conserver à la France un matériel de guerre estimé à près d'un million.

Le ministère hésitait à prendre un parti, il espérait tout concilier en temporisant, et puis, selon l'événement, il accepterait ou répudierait la responsabilité, soit de la résistance, soit de la capitulation.

Quant à Louis XVIII, on ne peut admettre qu'il aurait connu et approuvé l'indécision de son ministre. La loyauté, l'élévation et l'énergie de son caractère suffiraient à écarter un tel soupçon.

A cette attitude équivoque on ne pourrait reconnaître le prince, qui dans l'exil même, portait si haut la tête en face des souverains.

Si le colonel Michel eût pu arriver jusqu'au roi, les portes d'Auxonne n'auraient point été ouvertes aux Autrichiens.

Au retour de cet officier supérieur, les sommations de rendre la place devinrent plus pressantes, on demanda un dernier délai pour prendre à Dijon les ordres du lieutenant général de Vignoles, commandant la 18e division militaire, qui avait dû expédier un nouveau courrier à Paris.

Le colonel du génie et le maire, se rendirent auprès de lui, ses réponses furent comme celles du ministère, complétement évasives, son estafette n'était point revenue encore, il s'abstint de toute résolution et même de tout conseil officieux.

Cependant dans l'intervalle de ces négociations l'archiduc Ferdinand, commandant en chef des troupes autrichiennes qui avaient pénétre en Bourgogne, avait référé lui-même de la situation à l'empereur d'Allemagne son père.

Aussitôt après la réception de la réponse qui lui fut remise dans la soirée du 27 août, il ordonna que tout fût immédiatement préparé pour le bombardement et l'assaut de la place; et par un oficier d'ordonnance il notifia cette résolution au colonel Michel et à M. Demoisy, qu'il avait autorisés à demeurer à Dijon jusqu'au 28, pour attendre l'arrivée de l'estafette du général Vignoles.

Le colonel et le maire partirent aussitôt, quittant Dijon vers six heures du soir, ils ne purent arriver que vers minuit à Auxonne où ils apportèrent la triste nouvelle de l'insuccès de leur démarche et d'un bombardement sous quelques heures.

La consternation fut générale; une agression brutale avait paru impossible depuis le jour où le drapeau royal avait été arboré dans la ville; ce matériel de guerre que convoitait l'Autriche appartenait à la France, au nouveau souverain que les princes ses alliés n'oseraient dépouiller de vive force contrairement aux stipulations du traité de Paris.

Sans doute la prise de possession d'Auxonne faciliterait la communication des corps d'armée autrichienne entre les deux Bourgognes, et puis les souverains coalisés se proposant d'établir à proximité de cette ville, un camp de 120,000 hommes, aux grandes manœuvres du quel devaient assister plusieurs têtes couronnées, plusieurs princes et grands personnages venus des divers points de l'Europe, on aurait pu trouver étrange qu'a quelques lieues de ce camp, il existât une ville de guerre insoumise aux armes des alliés.

Toutefois cette double considération ne fut évidemment que le prétexte honnête en apparence, d'une attaque dont le but habilement dissimulé était la soustraction du matériel de la place, enlevé plus tard contre la foi du traité de capitulation.

Tandis que l'Archiduc Ferdinand échangeait des courriers avec son père, le prince de Hesse et le général Sutterteim faisaient arriver à leurs camps, de l'artillerie de siége, des obusiers et des mortiers qu'ils avaient tirés de Lyon et de Besançon.

A distance très rapprochée du corps de la place ils avaient établi quatre batteries couvertes, l'une entre le polygone et le pont, l'autre entre le pont et l'écluse, les deux autres du côté du Jura, au nord et au midi de la porte de Comté, en sorte que le feu des assiégeants envelopperait la ville de toute part.

Ces préparatifs d'attaque, la garnison du haut des remparts les avait vus s'exécuter sans opposition possible, parce que des ordres supérieurs lui avaient expressément interdit d'engager les hostilités pour quelque cause que ce fut. L'ennemi qui connaissait cette défense en avait profité pour s'avancer sous la ville, ou bien reconnaître la potion et régler sûrement le tir de ses batteries.

Telle était la situation grâvement compromise d'Auxonne, quand à minuit on fit publier aux flambeaux la fatale nouvelle d'un bombardement immédiat, que venaient de rapporter de Dijon MM. Michel et Demoisy.

La garnison courut aux remparts, les pompes furent munies de leurs agrès, et chaque habitant se tint prêt à éteindre les incendies qui se manifesteraient pendant l'attaque.

Bientôt l'ennemi ouvrit son feu qui était très nourri, ses quatre batteries tiraient simultanément, en moins d'une demi-heure quatre cents obus furent lancés sur la ville.

La plus grande partie des maisons furent atteintes. Les obus éclataient en l'air, sur la voie publique, dans les greniers et aux étages inférieurs, le bruit des tuiles tombant sur le pavé, des cheminées qui s'écroulaient, des vitres brisées, le sifflement des projectiles enflammés qui se croisaient sur la ville, les sinistres détonnations des batteries de l'ennemi et du canon des remparts, les pleurs et les cris des enfants et des femmes réfugiés dans les caves, tant de vies et de fortunes menacées, tout à ce moment suprême était désolation et terreur.

Ce désastre dont les résultats eussent été infiniment plus graves si beaucoup d'obus n'avaient dépassé leur but, parce qu'ils étaient tirés à distance trop rapprochée, durait depuis une demi-heure environ, lorsque des boulets rouges lancés par la batterie ennemie, élevée entre le polygone et le pont, passèrent sur la ville et incendièrent aux granges, une maison située en face du bastion de Kell.

Cet événement imprévu sauva la place d'un assaut qui a la faveur de la nuit fut tenté par surprise du côté du Jura pendant le bombardement.

A la lueur de l'incendie qui éclaira le glacis, les assiégés découvrirent un corps d'attaque, qui dans l'ombre s'était avancé jusqu'aux fossés d'enceinte de la ville. Aussitôt ils firent à bout portant, de si rapides et si meurtrières décharges de mousqueterie et de mitraille, que les autrichiens qui ne purent se replier assez vite pour échapper à la mort, crièrent : grâce! et éprouvèrent une perte considérable sans pouvoir se défendre.

L'assaut étant repoussé sur ce point, l'action générale ne se continuait pas moins vive sur tous les autres, entre l'artillerie des assiégeants et celle de la place.

Au moment où on s'y attendait le moins, le feu ennemi cessa complètement, la place suspendit le sien, il y eut cessation d'hostilités jusqu'au jour, on parlementa et un armistice fut conclu jusqu'au 29.

Les motifs de cette trêve devinrent évidents par l'issue de la capitulation ; les autrichiens tenaient surtout à s'emparer des matériels du dépôt d'artillerie et de l'arsenal. La continuation de l'attaque pouvait en incendier les ateliers et magasins ; on peut conjecturer même qu'à dessein ils avaient ménagé le quartier où ils étaient situés, puisque celui opposé, de la grande rue, avait le plus souffert.

L'ennemi n'avait donc éteint le feu de ses batteries que parce qu'il croyait avoir suffisamment intimidé la ville, pour la décider à ouvrir ses portes.

Immédiatement le conseil de défense de la place s'assembla à la direction d'artillerie; la responsabilité de la résolution à prendre était si grave, qu'il fut convenu que chacun des membres de ce conseil motiverait son opinion par écrit au procès-verbal de la séance.

Les avis ayant été recueillis en cette forme, et après signature de la délibération, le commandant supérieur Braun députa au prince de Hesse, le major Fantin et le maire de la ville, ceux-ci ramenèrent avec eux deux officiers autrichiens fondés de pouvoirs réguliers. Les articles de la capitulation furent discutés et arrêtés dans le salon de la direction.

Par une sigulière coincidence, le même jour 29 août, le ministre de la guerre et le prince de Schwarsemberg, signaient à Paris les conditions de la remise d'Auxonne à l'armée autrichienne. Ces conditions, qui ne furent connues que le 31, étaient bien moins favorables que celles convenues l'avant veille entre les autorités militaires de la ville et les envoyés du prince de Hesse.

Les bases en effet du traité signé à Auxonne étaient celles ci :

« Respect inviolable des personnes et des propriétés publiques ou privées.

» Sortie de la garnison avec les honneurs de la guerre, six pièces de canon, et faculté de se réunir à l'armée de la Loire qui n'était point alors entièrement dissoute.

» La ville ne pourrait être obligée de recevoir plus de 600 soldats autrichiens, qu'elle logerait et nourrirait à ses frais dans les casernes, en sorte que ses habitants seraient affranchis des charges de l'occupation.

» Le matériel enfin de défense des remparts, celui du dépôt d'artillerie et tout ce que renfermait l'arsenal dans ses ateliers ou ses parcs d'approvisionnements, seraient inventoriés et confiés à la loyauté des commandants autrichiens, qui en feraient la remise au gouvernement du roi, quand ils abandonneraient la possession de la place.

Cette capitulation très honorable et dont la loyale exécution devait profiter au pays, fut diversement appréciée.

Les uns l'acceptèrent comme conséquence fatale soit de l'impuissance de résister plus longtemps sans compromettre l'existence même de la ville, soit de l'état général de conquête qui avait soumis toutes les autres villes de France à la domination étrangère;

D'autres estimèrent qu'un recours direct au roi aurait sauvé Auxonne de l'invasion, et qu'on s'était trop empressé de deférer aux dernières sommations des commandants autrichiens.

Quelques esprits soupçonneux et malveillants se demandèrent même si la remise de la ville ne devait point être attribuée à une trahison soldée par l'ennemi. Diffamation regrettable, trop facilement accueillie par ceux qu'avait froissés dans leur amour-propre national la capitulation de la place, et qui n'aurait point dû survivre au verdict d'acquittement du conseil de guerre devant le quel les chefs militaires eurent à rendre compte de leur résolution.

Non! Auxonne n'a été ni rendu par lâcheté, ni vendu à prix d'argent, double hypothèse inadmissible contre la quelle énergiquement protestent l'honneur Français, les antécédents de la défense, et les conditions de la capitulation.

Il y avait, au moment où on a traité, certitude acquise que si la ville ne capitulait, elle subirait dans la nuit suivante, un bombardement plus meurtrier et un assaut général, dont les parlementaires français avait vu les apprêts dans le camp ennemi. Défendue par 250 hommes seulement, la place ne pouvait résister à une attaque sur tous les points, par légitimes égards pour les habitants menacés de pillage et de mort, si elle était emportée de vive force, on dut capituler.

A l'appui de ces considérations, on peut consulter d'ailleurs les apperçus développés dans un journal de l'époque, par M. le conseiller de préfecture Amanton, qui s'intéressait vivement à l'honneur d'Auxonne, dont il avait été maire. (*Journal de la Côte d'Or*, n° du 30 août 1815.)

Les termes enfin de l'accusation portée contre le colonel Braun, le colonel Michel et le major Fantin, pardevant le conseil de guerre de la 18e division militaire, doivent lever tous les doutes : on leur reprochait seulement de ne s'être point conformés aux statuts généraux de défense des places fortes qui prescrivent de résister jusqu'à dernière extrémité, et de ne s'être pas renfermés au château, avec les bouches à feu, les munitions, et le matériel de l'arsenal et des casernes.

Or, la défense prouva : qu'aucun succès ne pouvait être espéré d'une plus longue résistance, parce qu'il aurait été impossible de repousser un assaut en règle, sur les quatre points d'attaque des assiégeants; que le château n'aurait pu tenir contre l'ennemi logé dans la ville, et que durant la trêve de 24 heures accordée pour traiter, on n'aurait pu transporter le matériel de l'artillerie de l'arsenal et des casernes au château, où n'aurait pu d'ailleurs loger la garnison.

Il était évident aussi : qu'admettant que la capitulation d'Auxonne fut regrettable, le tort devait en être reproché bien moins aux officiers supérieurs qui y commandaient, qu'au ministre de la guerre et au général divisionaire, qui par eux mis en demeure d'autoriser la résistance, ou d'ordonner la remise de la place, avaient obstinément refusé de prendre une résolution décisive.

Les trois accusés furent donc complétement acquités de l'accusation contre eux.

Dans la matinée du 29, les assiégeants et les assiégés reconnurent leurs pertes.

Les autrichiens avaient eu 600 hommes environ morts ou mortellement atteints, onze charrettes conduisaient leurs blessés à l'hospice de Dole.

Les assiégés n'avaient perdu que trois personnes : un jeune homme dont la tête avait été brisée par un éclat d'obus. Une vieille femme réveillée en sursaut par le bonbardement et tuée par un obus, tandis qu'elle allumait sa lampe, et un officier du génie asphixié sur le rempart par un boulet qui l'effleura sans l'atteindre.

On constata aussi les dégradations que la ville avait subies : le bâtiment de l'hospice où est placée la pharmacie, avait beaucoup souffert : un boulet avait atteint l'orgue de la paroisse Notre-Dame. Les maisons de la grande rue avaient éprouvé des dommages plus étendus et plus considerables que celles des autres quartiers.

Dans les greniers dont ils avaient défoncé les toits, les obus avaient aussi brisé des chevrons et des poutres, quelques projectiles avaient pénétré dans les étages inférieurs où leur explosion avait causé des dégradations notables ; sur quelques points, des commencements d'incendie s'étaient manifestés, mais à l'instant même on avait pu se rendre maître du feu ; grâce à la sage prudence des autorités civiles et militaires, qui, dans la prévision d'un bombardement possible quoi qu'improbable, avaient exigé que chaque habitant plaçat aux divers étages de la maison des tonneaux et des cuviers remplis d'eau.

Le sol des cours et jardins, des rues et des places publiques était couvert de débris de tuiles, de vitres, de briques, de pierres et d'éclats d'obus. Sur ces ruines, régnait un morne silence. L'appréhension d'évenemens plus sinistres encore, accusée par la stupeur des habitants, imprimait à l'aspect général de la ville un caractère de désolation.

Abandonné de son gouvernement qui en pleine paix avec les princes alliés, le laissait bombarder sous les couleurs royales, et lui refusait l'autorisation de se défendre, Auxonne ne pouvait garder ni courage ni énergie. Une position si intolérable devait fatalement aboutir à la remise de la place.

En exécution de la capitulation signée dans la matinée du 29 août, à l'hôtel de la direction d'artillerie, le même jour vers 2 heures après midi, la garnison sortit en armes, tambour battant, enseignes déployées, avec six pièces de canon, et les honneurs militaires lui furent rendus par le corps autrichien de 600 hommes qui se présenta aux portes de la ville pour en prendre possession.

L'officier au service de l'empereur d'allemagne qui fut préposé au commandement de la place était natif d'Auxonne, il s'appelait Theuret : nom qu'à l'étranger son père avait abondonné pour prendre celui de Théray.

Les suites de l'occupation ennemie, justifièrent le peu de confiance qu'on avait toujours accordée à cette protestation des autrichiens, « qu'ils vou-
» laient seulement l'ouverture des portes, afin de
» rendre plus faciles les communications entre les
» corps d'armée, et de ne point laisser une ville
» forte insoumise à distance trop rapprochée du
» camp de manœuvres où les têtes couronnées de
» l'Europe et leurs princes généralissimes s'étaient
» donné rendez-vous. »

Bouches à feu de siége et de campagne, munitions de guerre, effets de casernement, matérie d'arsenal, machines, modèles outillage, pièce montées ou en cours d'exécution, approvisionnements en bois et métaux, etc... tout fut enlevé e tronsporté en Autriche.

Cette infraction au traité fut suivie de faits plu graves encore :

L'ennemi maître de la place voulut abattr les murs d'enceinte et raser les fortifications; 30 hommes de corvée étaient commandés chaqu jour pour travailler à cette œuvre de destruction mais ce fut en vain.

Les premiers essais n'aboutirent qu'à blesse quelques mineurs inhabiles. La chaux cimenté qui liait les pierres avait été fondue et coulée su place, son adhérence et sa dûreté étaient telles. que les murailles résistaient comme un banc de roches. Les coups de mine n'en détachaient que de petites parcelles, et ne leur causaient aucun ébranlement.

On était parvenu toutefois à miner un peu profondément le bastion du gouverneur, et quelques pans de mur à l'aspect du Jura. On y travaillait avec ardeur et on espérait bientôt les faire sauter, quand sur la représentation du gouvernement du roi qui fut informé de ces tentatives, l'empereur d'Autriche défendit expressément de les continuer.

A quelle somme s'éleva la perte du matériel de guerre soustrait par les autrichiens? on ne saurait exactement l'apprécier, parce que l'inventaire convenu par la capitulation du 29 août ne fut point fait.

Mais on a pu lire dans la *Gazette de Vienne*, (n° du 18 septembre 1815) : « que plus de 300 canons, mille quintaux de poudre, et un matériel de construction très considérable, évalués a plus de deux millions, avaient été transportés en Autriche des places d'Auxonne et de Huningue.

Voila ce qu'en 1814 Auxonne avait gardé à la France, et voulait lui conserver encore en 1815. Il y aurait réussi sans doute, si la défense expresse faite à ses chefs de commencer les hostilités quand même ! n'avait pas permis aux assiégeants, d'élever à demi portée de tir sous les murs, de formidables batteries qui pouvaient facilement incendier la ville et ouvrir des brèches d'assaut.

En résumé :

De ces détails puisés pour la plus grande partie à des sources authentiques et complétés à l'issue du siége par le récit de témoins oculaires dignes de foi, il ressort par comparaison avec les précédents historiques d'Auxonne, qu'entre toutes les attaques que cette place forte subit depuis sa fon dation, le bombardement de la nuit du 28 au 29 juin 1815 fut la plus sérieuse et la plus dommageable.

En 1478, le maire Courtois fait capituler assez à temps pour prévenir un assaut.

En 1525, les habitants n'eurent à repousser qu'une escalade peu meurtrière.

En 1586, le président Jehannin la protégea contre une attaque en forme dont elle était menacée.

En 1814 les décharges de la batterie de campagne qu'à la faveur de la nuit, les autrichiens avaient approchée de ses murs ne lui fit aucun mal.

Mais en 1815, 1,500 obus furent tirés sur la ville en deux heures et lui causèrent un dommage considérable.

Le courage de sa garnison et de ses artilleurs volontaires l'avait sauvée de la première invasion, elle aurait résisté avec la même énergie et le même succès probable à la seconde, si elle n'eut été abandonnée du pouvoir royal et réduite à l'impossibilité de se défendre. Avant d'ouvrir ses portes, elle a honorablement capitulé.

C'est ce qu'il importait surtout de constater, pour en conclure dans le double intérêt de l'honneur des armes françaises et de celui d'Auxonne, que devant la postérité, le ministère de la seconde restauration devra seul répondre de la capitulation forcée de la place et des regrettables conséquences de son occupation par les cohortes étrangères.

Auxonne, imprimerie de X.-T. Saunié.

www.ingramcontent.com/pod-product-compliance
Ingram Content Group UK Ltd.
Pitfield, Milton Keynes, MK11 3LW, UK
UKHW021119230726
13926UKWH00002B/558

9 782013 698733